Teresa Tuncel

Die wichtigsten digitalen Tools

für Einstieg, Erarbeitung und Sicherung

Politik/Wirtschaft/ Sozialwissenschaften

Sinnvolle Einsatzmöglichkeiten für jede Unterrichtsphase

Cornelsen

INHALTSVERZEICHNIS

EINLEITUNG

Die Digitalisierung als ein stetig voranschreitender Prozess ist längst auch in Schule und Unterricht angekommen. Aufgabe der Schule ist es dementsprechend, die Lernenden in einem kompetent-kritischen Umgang mit neuen Medien zu schulen. Durch die Digitalisierung und die damit einhergehende Veränderung fachlicher Gegenstände verändert sich auch fachliches Lehren und Lernen in der politischen und ökonomischen Bildung.

Lehrkräfte sehen sich vor diesem Hintergrund nicht nur mit der Herausforderung konfrontiert, ihre eigenen digitalen Kompetenzen zu schulen, sondern darüber hinaus, methodisch-didaktisch sinnvolle Lehr-Lernsettings zu konzipieren, durch welche Lernende zu mündigen Bürger/-innen in einer digitalen Gesellschaft erzogen werden. Dies bedingt auch das Lernen über und mit digitalen Medien in der politischen und ökonomischen Bildung. Folglich ist es Ziel dieses Buches, Lehrkräften Ideen und Hilfestellungen für einen schnellen, unkomplizierten und schülermotivierenden Unterrichtseinsatz von digitalen Medien zu geben.

Für den praktischen Unterrichtseinsatz digitaler Medien werden in diesem Buch eine Vielzahl digitaler Tools vorgestellt, die in unterschiedlichen Phasen des Unterrichts eingesetzt werden können. Der Tabelle (siehe ab S. 4) können Lehrkräfte entnehmen, ob sich das jeweilige Tool besonders gut für den Einstieg, die Erarbeitung oder die Sicherung der Unterrichtsinhalte eignet.

Alle Tools werden in den Kapiteln jeweils mit einem Steckbrief vorgestellt. In den Steckbriefen werden neben den geeigneten Unterrichtsphasen Informationen zu den Zielen, Kompetenzen, Klassenstufe/n, Einsatzmöglichkeiten, Voraussetzungen u. v. m. dargestellt.

ÜBERSICHT ÜBER ALLE VORGESTELLTEN TOOLS

Tool	Fächer	Einsatzmöglichkeiten/Ziele	Klasse
Phase 1: Einstieg			
1.1 Wortwolken erstellen mit Mentimeter	alle	✍ Gelernte Inhalte und Fachbegriffe wiederholen ✍ Brainstorming initiieren und festhalten ✍ Präkonzepte ermitteln ✍ Analyseergebnisse präsentieren	alle
1.2 Mindmaps erstellen mit SimpleMind	alle	✍ Textinhalte zusammenfassen ✍ (Vor-)Wissen strukturieren ✍ Fachbegriffe anwenden/benennen	alle
1.3 (Spontane) Meinungsbilder abfragen mit Plickers	alle	✍ Präkonzepte ermitteln ✍ Spontanurteile fällen ✍ Wissen überprüfen	alle
1.4 Umfragen durchführen mit Edkimo	alle	✍ Präkonzepte ermitteln ✍ Spontanurteile fällen ✍ Wissen überprüfen ✍ Umfrageergebnisse interpretieren	alle
1.5 Mit Nearpod Erklärvideos mit Aufgaben abspielen	alle	✍ Neue Inhalte einführen, erfassen und wiederholen ✍ Fachbegriffe erlernen und festigen	alle
Phase 2: Erarbeitung			
2.1 Tafelbilder erstellen mit Padlet	alle	✍ Inhalte erarbeiten und sichern ✍ Inhalte präsentieren	alle
2.2 Podcasts/Audiobeiträge erstellen mit GarageBand	alle	✍ Sprachliche Beiträge planen und umsetzen ✍ Inhalte erschließen, sprachlich darstellen und präsentieren	alle
2.3 Nachrichtensendungen erstellen mit Green Screen by Do Ink	alle	✍ Inhalte erarbeiten und in einem Film wiedergeben ✍ Umgang mit der Kamera schulen	alle

Tool	Fächer	Einsatzmöglichkeiten/Ziele	Klasse
2. 4 Parteiausrichtungen kennenlernen mit dem Wahl-O-Mat	Politik, SoWi, Sozialkunde	Thesen zu politischen Themen verstehen und sich positionieren Eigene Position mit politischen Parteien vergleichen Parteiausrichtungen erschließen und vergleichen	10–13
2.5 Über ein politisches Thema diskutieren mit Diskutier Mit Mir	Politik, SoWi, Sozialkunde	Zu politischen Themen Stellung nehmen Diskussionskompetenzen schulen	12–13
2.6 Twitter für politische Themen nutzen	alle	Umgang mit sozialen Medien schulen Tweets verfassen und darauf reagieren Die eigene Meinung öffentlich vertreten	10-13
2.7 Webquests im Internet durchführen	alle	Relevante Informationen zu einem bestimmten Thema recherchieren und auswerten Recherchekompetenzen schulen	alle
2.8 Fake News erkennen mit dem Fakefinder	Politik, SoWi, Sozialkunde	Fake News erkennen Seriöse und unseriöse Nachrichten sowie Satire unterscheiden Umgang mit/in sozialen Medien schulen	8–10
2.9 Mit Bad News Strategien von Fake News erkennen	Politik, SoWi, Sozialkunde	Umgang mit/in sozialen Medien schulen Fake News und ihre Strategien erkennen Sich mit der Rolle von Verbreitenden von Desinformationen auseinandersetzen	8–10

Tool	Fächer	Einsatzmöglichkeiten/Ziele	Klasse
2.10 Moderate Cuddlefish: Mit Hate Speech umgehen	Politik, SoWi, Sozialkunde	✍ Umgang mit/in sozialen Medien schulen ✍ Zwischen Meinungsfreiheit und Hate Speech unterscheiden ✍ Die moderierende Rolle in einem fiktiven sozialen Netzwerk einnehmen und reflektieren	8–11
2.11 Demokratische Prozesse mit dem Kanzlersimulator spielerisch erschließen	Politik, SoWi, Sozialkunde	✍ Sich mit der Funktion und den Aufgaben eines Bundeskanzlers/einer Bundeskanzlerin auseinandersetzen ✍ Politische Prozesse erschließen ✍ Kenntnisse über politische Prozesse spielerisch anwenden	7-10
2.12 Politik verstehen mit Hanisauland	Politik	✍ Politische Strukturen und Prozesse erschließen ✍ Fachbegriffe verstehen ✍ Sich mit Problemen/Konflikten auseinandersetzen ✍ Problemlösungen erarbeiten und reflektieren	5–7
Phase 3: Sicherung			
3.1 Gelerntes spielerisch überprüfen mit Kahoot!	alle	✍ Wissen anwenden ✍ Gelerntes überprüfen	alle
3.2 Lernspiele gestalten mit LearningApps.org	alle	✍ Wissen anwenden ✍ Gelerntes überprüfen ✍ Individuelle Lernspiele programmieren	alle

Tool	Fächer	Einsatzmöglichkeiten/Ziele	Klasse
3.3 Präsentationen kollaborativ erstellen mit Keynote	alle	✍ Erarbeitete Inhalte präsentieren ✍ Sprachliche und visuelle Mittel angemessen einsetzen ✍ Präsentationskompetenzen schulen ✍ Mit anderen zusammenarbeiten	alle
3.4 Präsentieren mit Adobe Spark Page	alle	✍ Erarbeitete Inhalte präsentieren ✍ Sprachliche und visuelle Mittel angemessen einsetzen ✍ Präsentationskompetenzen schulen	alle
3.5 (Erklär-)Videos erstellen mit iMovie	alle	✍ Inhalte erarbeiten und in einem Film wiedergeben ✍ Fachbegriffe erarbeiten und in eigenen Worten erklären ✍ Eine Storyline entwickeln ✍ Umgang mit der Kamera schulen	alle

1.1 Wortwolken erstellen mit Mentimeter

Ziele

Die Schüler/-innen …

- aktivieren ihr Vorwissen, indem sie passende Schlagworte/Fachbegriffe zu einem Thema/einer Fragestellung benennen.
- erschließen Zusammenhänge durch die Zuordnung von Begriffen zu einem genannten Oberbegriff/Thema.
- wiederholen und festigen (Fach-)Begriffe.
- präsentieren Analyseergebnisse.

Fach/Klasse

Alle Fächer und Klassen

Einsatzmöglichkeiten

Wiederholung von (Fach-)Begriffen, Wiederholung von Inhalten, Einführung neuer Inhalte, Vorentlastung, Brainstorming, Darstellung von Analyseergebnissen

Verwendungshinweise

Wortwolken eigenen sich besonders für die Phase des Einstiegs in eine Unterrichtseinheit bzw. in ein Thema, da Lehrkräfte so ermitteln können, über welche Vorkenntnisse die Schüler/-innen verfügen. Schüler/-innen können zudem mithilfe von Wortwolken Gelerntes zusammenfassen, sichern und präsentieren.

Vorbereitung

- Mobile Endgeräte (Lehrkraft und Lernende; Anzahl abhängig von Sozialform)
- Geräte und Updates prüfen
- Mentimeter kostenfrei im App Store oder bei Google Play herunterladen
- Ggf. Präsentationsmöglichkeiten prüfen (Beamer oder Smartboard)

Sozialformen	Ähnliche Tools
Plenum, Einzel-, Partner- und Gruppenarbeit	AnswerGarden (browserbasiert) Edkimo (siehe S. 17, Kap.1.4)

Beschreibung

Mentimeter ist ein browserbasiertes, englischsprachiges digitales Tool, mit dem unterschiedliche Umfrageformate erstellt werden können. Die Registrierung ist kostenfrei. (Es gibt für den Bildungsbereich unterschiedliche kostenpflichtige Versionen mit zusätzlichen Features.) Die Anwendung kann mithilfe eines Codes, der automatisch beim Erstellen einer Umfrage generiert wird, durch die Eingabe in der App oder im Browser freigeschaltet und auf unterschiedlichen digitalen Endgeräten durchgeführt werden. Dies gewährleistet einen flexiblen Einsatz im Unterricht.

Die Lehrkraft muss sich zuvor registrieren. Unter *+New presentation* wird die Erstellung einer neuen Präsentation gestartet, der zunächst ein Titel gegeben werden muss. Unter *Type* kann dann die Art der Präsentation gewählt werden, wobei es neben der Wortwolke viele unterschiedliche Möglichkeiten gibt. In dem Bereich *Content* kann die Lehrkraft dann das betreffende Thema oder die Fragestellung eingeben und ein Bild hochladen, das zusätzlich als visueller Impuls dienen kann. Das Bild lässt sich jederzeit verbergen (s. u.). Unter *Entries per participant* wird die Anzahl der Antwortmöglichkeiten bestimmt. Durch das Anklicken des Feldes *Extras* wird den Schüler/-innen die Möglichkeit geboten, mehrfach an der Abfrage teilzunehmen. Dies bietet sich insbesondere dann an, wenn Schüler/-innen sich z. B. ein digitales Endgerät teilen oder die Lehrkraft mehr Input zulassen möchte. Während der Anwendung kann die Lehrkraft sehen, wie viele Schüler/-innen an der Abfrage teilnehmen.

Mehrmals genannte Begriffe werden automatisch vergrößert in der Wortwolke dargestellt, wodurch die Lehrkraft erkennen kann, welche Begriffe vielen Schüler/-innen bereits bekannt sind bzw. zu dem genannten Thema einfallen. Zudem kann die Lehrkraft unter dem Aspekt *Customize* weitere Einstellungen vornehmen wie z. B. das Verbergen der Ergebnisse, die dann erst nach Beendigung der Abfrage gezeigt werden können oder das Verbergen eines Bildes. Ist die Abfrage beendet, können die Ergebnisse im Hauptmenü exportiert und die Wortwolke u. a. als PDF abgespeichert werden. Dadurch kann sie den Schüler/-innen zur weiteren Verwendung zugänglich gemacht werden.

TIPPS

- Wortwolken bieten die Möglichkeit, die fachsprachlichen Kenntnisse der Schüler/-innen zu fördern, indem sie sich zu einem Oberbegriff oder einer Fragestellung schriftlich äußern.
- Es ist auch denkbar, die Wortwolke zur Überprüfung des Textverständnisses zu nutzen, indem im Rahmen der Textanalyse Schlüsselbegriffe herausgearbeitet und diese mittels einer Wortwolke zusammengefasst und visualisiert werden.
- Mehrmals genannte Begriffe erscheinen automatisch größer in der Wortwolke, d. h. dass viele Schüler/-innen den Schlüsselbegriff erkannt und herausgearbeitet haben.
- Des Weiteren können Wortwolken zur Analyse von Karikaturen eingesetzt werden. Die Karikatur kann wie oben beschrieben in die Präsentation eingebunden werden. Die Schüler/-innen können dann z. B. Schlagworte zur Aussageabsicht der Karikatur formulieren.

VARIANTEN

Wortwolken lassen sich bspw. auch mit dem browserbasierten Programm AnswerGarden erstellen. Auch hier werden die Antworten ausgewertet und die Wortwolken automatisch erstellt.

1.2 Mindmaps erstellen mit SimpleMind

Ziele

Die Schüler/-innen …

- aktivieren ihr (Vor-)Wissen, indem sie zu einem Oberbegriff bzw. einem Thema ihre Kenntnisse und/oder Ideen darstellen.
- strukturieren Inhalte, indem sie Zusammenhänge zwischen ihnen erschließen und darstellen.
- festigen eingeführte Fachbegriffe, indem sie diese benennen.

Fach/Klasse

Alle Fächer und alle Klassen

Einsatzmöglichkeiten

Textinhalte zusammenfassen, (Vor-)Wissen strukturieren, Brainstorming, ggf. Sicherung des Gelernten

Verwendungshinweise

Mithilfe der App „SimpleMind+“ (iOS) bzw. „SimpleMind free“ (Android) lassen sich übersichtliche Mindmaps erstellen. Mindmaps können in jeder Unterrichtsphase zum Einsatz kommen. Beim Unterrichtseinstieg können sie dazu dienen, das (Vor-)Wissen der Schüler/-innen zu aktivieren und/oder Ideen zu einem genannten Thema in einer Mindmap festzuhalten und zu visualisieren. Somit kann die Lehrkraft die Mindmap auch für eine Lernstandsdiagnose zu Beginn (und/oder am Ende) der Einheit nutzen.

Vorbereitung

- Mobile Endgeräte (Lehrkraft und/oder Lernende; Anzahl abhängig von Sozialform)
- Geräte und Updates prüfen
- SimpleMind+ und SimpleMind free kostenfrei im App Store oder bei Google Play herunterladen (In-App-Kauf möglich)
- Ggf. Präsentationsmöglichkeiten prüfen (Beamer oder Smartboard)

Sozialformen	Ähnliche Tools
Einzel-, Partner-, Gruppenarbeit und Plenum	☝ Popplet Lite (kostenfreie App für iOS) ☝ MindMeister (kostenfreie App für iOS und Android)

Beschreibung

Mit der App „SimpleMind free“ für Android bzw. „SimpleMind+ für iOS“ können Lehrkräfte und Schüler/-innen einfach, strukturierte Mindmaps erstellen. Die App lässt sich intuitiv bedienen.

Zunächst muss ein zentrales Thema benannt werden. Durch einen Doppelklick in ein Textfeld, kann man in das jeweilige Feld hineinschreiben. Durch das *Pluszeichen* (+) können neue Aspekte zum jeweiligen Feld hinzugefügt werden. Die verschiedenen Zweig-Kategorien, die von dem zentralen Thema ausgehen, werden automatisch zum Zweck der Übersichtlichkeit verschiedenfarbig hinterlegt. Hält man ein Feld mit dem Finger länger gedrückt, kann man es einem anderen Feld zuordnen, indem man es darauf schiebt. Die neue Verbindung entsteht dann automatisch. Beim Schreiben lassen sich unter den *Einstellungen*, die automatisch auftauchen, Zeichengröße etc. anpassen. Ist die Schreibfunktion im Feld noch aktiviert, muss der/die Nutzer/-in auf den Hintergrund klicken.

Durch das einmalige Anklicken eines Feldes tauchen weitere Funktionsmöglichkeiten auf. Mittels des *Buchstabens T* lassen sich Kommentare zu den einzelnen Feldern hinzufügen. Die *drei Punkte (…)* bieten verschiedene Funktionen: Ausschneiden einzelner Zweig-Kategorien (*Schere*), Kopieren von Zweig-Kategorien und Veränderung des Layouts (*Mindmap-Symbol*).

Am Rand oben rechts befinden sich weitere Funktionen, wie die Möglichkeit über die *Farbpalette*, die Style Sheets anzupassen (helle Farben, weiche Farben etc.) oder über die *drei Punkte (…)* die Schriftart, Einrastoptionen oder allgemeine Einstellungen wie das Layout zu verändern. Ebenso lassen sich über das *Pluszeichen (+)* Unterthemen hinzufügen oder die gesamte Mindmap löschen *(Mülleimer)*. Mittels der Symbole am linken oberen Rand können die letzten Veränderungen rückgängig gemacht (*gebogene Pfeile*), zu einer anderen Mindmap gewechselt oder eine neue Mindmap erstellt werden. Unter *Mind Maps* wird eine Übersicht der erstellten Mindmaps angezeigt. Der Arbeitsstand wird automatisch von der App gespeichert.

TIPPS

- Da sich die Benutzeroberfläche intuitiv bedienen lässt, ist die App auch für den Einsatz in den unteren Jahrgangsstufen und für Einsteiger/-innen geeignet.
- Mit dem Erstellen der Mindmaps können vielfältige Aufgabenformate verknüpft werden. Darüber hinaus kann die Mindmap z. B. in eine Lesestrategie wie der Fünf-Schritt-Lesemethode eingebettet werden.
- Ferner können Mindmaps dazu dienen, in Phasen der Erarbeitung z. B. Ergebnisse einer Textanalyse strukturiert festzuhalten sowie in der Sicherungsphase Gelerntes zusammenzufassen, zu sichern und/oder zu präsentieren. Die Mindmaps können dabei von den Schüler/-innen selbst oder im Plenum gemeinsam erstellt werden.
- Das Exportieren der Mindmaps ist bei der kostenfreien Version nur über Screenshots möglich.

VARIANTEN

Eine andere Möglichkeit, Mindmaps zu erstellen, bietet z. B. die kostenfreie App „Popplet Lite" (iOS). Ein Vorteil hierbei ist, dass auch Fotos und Bilder eingefügt werden können. Auch diese App lässt sich intuitiv bedienen.
Um Mindmaps kollaborativ zu erstellen bietet sich die kostenlose App „MindMeister" (iOS und Android) an. Jedoch ist eine E-Mail-Adresse die Voraussetzung für das gemeinsame Erstellen der Mindmap. Zudem können in der App Meinungen zu dem jeweiligen Thema abgefragt und Kommentare ergänzt werden. Auch lässt sich Bildmaterial in die Mindmap einfügen. Jedoch ist die kostenfreie Basic-Version auf drei Mindmaps beschränkt.

Beispiel

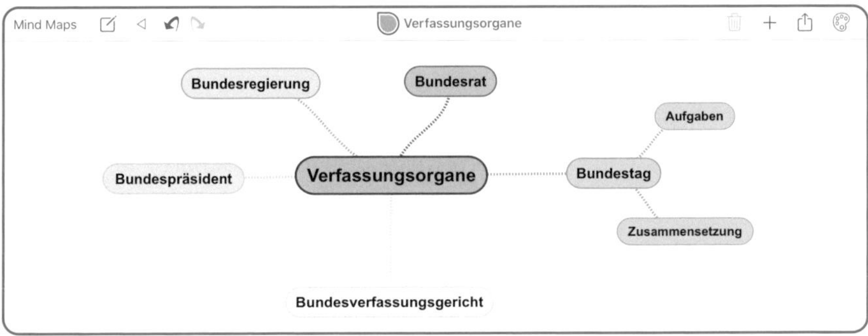

Eigene Darstellung (© SimpleMind)

1.3 (Spontane) Meinungsbilder abfragen mit Plickers

Ziele

Die Schüler/-innen …

- fällen ein spontanes Urteil zu einer Problemfrage aus dem Bereich Wirtschaft, Politik, Gesellschaft.
- aktivieren ihr Vorwissen, indem sie sich spontan zu einer (Entscheidungs-)Frage positionieren.
- nehmen sichtbar eine (vorläufige) Haltung zu einem Problem/einem Konflikt ein.

Fach/Klasse

Alle Fächer und alle Klassen

Einsatzmöglichkeiten

Spontanurteil zum Einstieg, Aktivierung von Vorwissen, Leistungsmessung und -kontrolle (Abfrage)

Verwendungshinweise

Anstelle eines mündlichen Spontanurteils, kann die Lehrkraft mithilfe der kostenlosen App „Plickers" ein (spontanes) Meinungsbild der Schülerinnen und Schüler einholen. Hierzu werden mit der App personalisierte QR-Codes erstellt, mit denen bis zu vier Antwortmöglichkeiten (A, B, C, D) angezeigt werden können, je nachdem, welche Seite des QR-Codes nach oben gehalten wird. Die Codes werden mit einem Tablet oder Smartphone von der Lehrkraft gescannt. Ist das digitale Endgerät mit einem Smartboard oder Beamer verbunden, kann die gesamte Klasse die Antworten live einsehen. Die Lernenden benötigen somit keine digitalen Endgeräte.

Vorbereitung

- Mobiles Endgerät (Lehrkraft)
- Kostenfreie Registrierung auf der Website von plickers.com
- Plickers kostenfrei im App Store oder bei Google Play herunterladen
- QR-Codes erstellen und ausdrucken
- Ggf. Präsentationsmöglichkeiten prüfen (Beamer oder Smartboard)

Sozialform	Ähnliche Tools
Plenum	Nearpod (siehe S. 19, Kap. 1.5)

Beschreibung

Die Lehrkraft erstellt sich zunächst einen kostenfreien Account bei plickers.com. Es wird automatisch eine Übersicht angezeigt, welche Schritte abgearbeitet werden müssen, um eine erste Ab-/Umfrage durchzuführen.

1. In dem Bereich *New Set* wird ein neues Quiz erstellt. Durch das Anklicken des Punktes *Untitled Set* kann eine Überschrift bzw. ein Arbeitsauftrag verfasst werden (z. B. Fälle ein Spontanurteil). Unter *Click here to edit question* kann auf der Folie eine Fragestellung bzw. These formuliert werden, zu der sich die Schüler/-innen positionieren sollen. Zudem können über Icons am rechten Rand z. B. sBilder, Audios oder Videos eingebunden werden. Die Antwortmöglichkeiten können einfach durch Wegklicken der gegebenen Optionen (A, B, C, D) reduziert werden. Möchte man nachträglich doch noch eine Antwortoption hinzufügen, geht dies über den Button *Add Choice* (max. vier). Unter der Option *Graded* muss durch das Anklicken der entsprechenden Antwortmöglichkeit diese als „wahr" gekennzeichnet werden. Die richtige Antwort wird in der Übersicht für die Lehrkraft grün hinterlegt. Diese Option bietet sich z. B. bei der Verwendung des digitalen Tools zur Leistungskontrolle an.

Unter dem Punkt *Survey* ist es wiederum möglich, z. B. ein spontanes Meinungsbild abzufragen, da hier keine richtigen/falschen Antwortmöglichkeiten angegeben werden müssen.

Zum Hinzufügen einer weiteren Folie ist das *Pluszeichen (+)* anzuklicken. Weitere Optionen (z. B. Löschen einer Folie, Veränderung der Folienreihenfolge) lassen sich durch einen Rechtsklick auf die entsprechende Folie in der Folienübersicht (links) einsehen.

2. Die Speicherung der erstellten Ab-/Umfrage erfolgt automatisch. Um diese einer Klasse zuzuordnen, muss eine neue Klasse angelegt werden. Im Startmenü findet sich hierzu der Bereich *New Classes*. Der Klasse muss ein Name gegeben und die Schüler/-innennamen müssen angelegt werden.

3. Der letzte Schritt zur Vorbereitung beinhaltet das Herunterladen und Ausdrucken der Karten. Die Karten sind automatisch nummeriert. Um diese zu personalisieren, kann die Lehrkraft im Bereich ihrer Klasse unter *Edit Students* den Schüler/-innen die Kartennummern zuordnen.

Mit einem Doppelklick auf die jeweilige Klasse oder in der Übersicht der erstellten Ab-/Umfrage unter *Add to Queque* kann die Lehrkraft die Ab-/ Umfrage der Klasse zuordnen.

Wird nun eine Abfrage mithilfe der App und eines digitalen Endgeräts durchgeführt, können die Ergebnisse unter dem Reiter *Reports* eingesehen werden.

TIPPS

- Karten können mehreren Klassen zugeordnet werden.
- Laminieren der Karten mit QR-Codes, um diese mehrmals nutzen zu können.

VARIANTEN

Digitale Ab-/Umfragen sowie Lernerfolgskontrollen lassen sich auch mithilfe der kostenlosen App „Nearpod“ erstellen. Hierfür müssen die Schüler/-innen über ein digitales Endgerät verfügen. Eine Anmeldung der Schüler/-innen ist nicht notwendig. Ergebnisse werden der Lehrkraft sofort angezeigt. Ein Vorteil ist, dass Bilder, Internetseiten etc. in die Präsentation mit eingebunden werden können.

1.4 Umfragen durchführen mit Edkimo

Ziele

Die Schüler/-innen …
- sichern erworbene Kenntnisse zu Unterrichtsinhalten.
- wiederholen Unterrichtsinhalte.
- positionieren sich zu Fragen/Thesen.
- interpretieren die Umfrageergebnisse.

Fach/Klasse

Alle Fächer und alle Klassen

Einsatzmöglichkeiten

Zur Abfrage eines (Spontan-)Urteils, zur Meinungserhebung zu (politischen) Themen

Verwendungshinweise

Edkimo funktioniert browserbasiert und kann mit jedem digitalen Endgerät genutzt werden. Zudem ist die App im App Store und Google Play Store kostenfrei erhältlich. Die Registrierung ist für Lehrkräfte kostenfrei (in HH und NRW).

Vorbereitung

- Mobile Endgeräte oder Computer (Lehrkraft und Lernende)
- Geräte und Updates prüfen
- App kostenlos im App Store bzw. bei Google Play herunterladen
- Umfrage erstellen
- Ggf. Präsentationsmöglichkeiten prüfen (Beamer oder Smartboard)

Sozialform	Ähnliche Tools
Einzelarbeit, Plenum	- Plickers (siehe S. 14, Kap. 1.3) - Nearpod (siehe S. 19, Kap. 1.5) - Kahoot Pro (kostenpflichtig) (siehe S. 47, Kap. 3.1)

Beschreibung

Edkimo ist ein digitales Tool, mit dem u. a. Lehrkräfte schnell und einfach Feedback zu Unterrichtsprozessen einholen können.

In der browserbasierten Version kann unter *Vorlagen* aus verschiedenen Fragebögen (z. B. 10 Fragen zum Unterricht, Fünf-Finger-Feedback) ausgewählt und diese individuell durch das Löschen, Bearbeiten oder Hinzufügen von Fragen angepasst werden. Eigene Befragungen können unter dem Bereich *Eigene Vorlagen* und dort unter *Neue Vorlage erstellen* angelegt werden. Bei jeder Frage kann eine Auswahl aus unterschiedlichen Antwortmöglichkeiten getroffen werden (z. B. 4er-Likert-Skalen, Smiley-Skala, Single/Multiple-Choice).

Mit dem Erstellen einer Umfrage wird automatisch ein Code generiert, der den Schüler/-innen zur Teilnahme an der Umfrage mitgeteilt werden muss. Diese können den Code in der App oder auf der Website eingeben und an der Umfrage teilnehmen.

Die Lehrkraft kann die Ergebnisse direkt über ihren Account einsehen und diese bei Bedarf anderen zur Verfügung stellen, indem sie diese freigibt, anzeigt und/oder sie herunterlädt und ausdruckt.

TIPPS In einem kurzen Video auf der Plattform „Vimeo“ wird die Anwendung von Edkimo erläutert.

VARIANTEN Es gibt vielfältige Programme, mit denen Umfragen erstellt und Schülerantworten erhoben werden können: Die PRO-Version von Kahoot!, Nearpod sowie Plickers bieten ebenfalls die Möglichkeit, Umfragen zu erstellen.

1.5 Mit Nearpod Erklärvideos mit Aufgaben abspielen

Ziele

Die Schüler/-innen …
- strukturieren Inhalte, indem sie Zusammenhänge zwischen ihnen erschließen und beschreiben.
- benennen und festigen Fachbegriffe.

Fach/Klasse

Alle Fächer und alle Klassen

Einsatzmöglichkeiten

Einführung neuer Inhalte, Vorentlastung von Fachbegriffen, Sammlung von Vorwissen, Aktivierung von Vorwissen, Sicherung des Gelernten

Verwendungshinweise

Nearpod ist ein multifunktionales digitales Tool, mit dem z. B. Umfragen, Quizze, Präsentationen erstellt werden können. Auch Videos lassen sich einbinden, die die Lehrkraft an verschiedenen Stellen mit Fragen versehen kann, um das Gehörte zu überprüfen. Damit bietet das Tool die Möglichkeit, auf motivierende Weise neue fachliche Inhalte einzuführen und diese zu sichern.

Vorbereitung

- Mobile Endgeräte (Lehrkraft und Lernende; Anzahl abhängig von Sozialform)
- Geräte und Updates prüfen
- Nearpod ist kostenfrei im App Store oder bei Google Play erhältlich.
- Ggf. Präsentationsmöglichkeiten prüfen (Beamer oder Smartboard)

Sozialform	Ähnliche Tools
Einzelarbeit, Partnerarbeit und Plenum	LearningApps.org (siehe S. 49, Kap. 3.2)
	H5P

Beschreibung

Schüler/-innen nutzen Videoportale wie YouTube zunehmend auch für schulische Zwecke. Darüber hinaus zeigen Studien zum Einsatz von Erklärvideos im Unterricht, dass sich diese positiv auf kognitive (Wissenszuwachs) sowie nicht-kognitive Faktoren (z. B. Motivation und Aufmerksamkeit) der Schüler/-innen auswirken. Sie bieten auch im Unterricht eine gute Möglichkeit, Inhalte auf eine motivierende Weise zu vermitteln und verschiedene Lerntypen anzusprechen. Mithilfe der App „Nearpod" lassen sich Erklärvideos mit Aufgaben versehen, was dazu beiträgt, die Aufmerksamkeit der Schüler/-innen zu erhöhen und gewonnene Erkenntnisse zu sichern.

Die Lehrkraft benötigt einen Account bei Nearpod. Unter *My Lessons* kann unter *Create* zwischen dem Erstellen einer neuen Stunde *Lesson* oder der Option *Video* ausgewählt werden. Es können sowohl Videos von YouTube eingebunden als auch aus der eigenen Mediathek hochgeladen werden. Das entsprechende Video wird mittels *Save* gespeichert.

Beim Abspielen des Videos kann die Lehrkraft die Stellen auswählen, an denen eine Frage erscheinen soll. Nach dem Speichern eines Videos erscheint dieses automatisch in *My Lessons*. Um das Video zu sehen und die Aufgaben zu lösen, benötigen die Schüler/-innen keinen eigenen Account. Der Code zur Teilnahme wird automatisch beim Anklicken des Buttons *Student-paced* erstellt. Die Schüler/-innen können diesen Code in der kostenfreien App oder auf der Website von nearpod.com eingeben. Die Lehrkraft kann den Arbeitsprozess via *View Process* verfolgen und die Ergebnisse unter *Reports* einsehen und/oder sich die ausführlichen Ergebnisse der Lerngruppe an ihre E-Mail-Adresse schicken lassen.

TIPPS

Nearpod kann unabhängig vom Gerätetyp eingesetzt werden und eignet sich ebenso als digitales Tool für das Lernen auf Distanz, da die Lehrkraft die einzelnen Lernschritte der Schüler/-innen mitverfolgen und Berichte (Reports) nach der Durchführung einsehen kann, die Auskünfte über ihre Beteiligung geben. Somit lässt sich der Lernprozess der Schüler/-innen digital begleiten.

VARIANTEN

Mithilfe des browserbasierten Tools „LearningApps.org" können Lehrkräfte online interaktive, multimediale Bausteine (Apps) erstellen und diese in Lernprozesse bzw. in Unterrichtsszenarien einbinden. Neben der Möglichkeit, Videos mit entsprechenden Aufgaben zu versehen, werden eine Reihe weiterer Vorlagen zur Verfügung gestellt (Zuordnungsübungen, Multiple-Choice-Tests etc.), um den Unterricht abwechslungsreich zu gestalten.

PHASE 2: ERARBEITUNG

2.1 Schaubilder erstellen mit TaskCards

Ziele

Die Schüler/-innen ...
- aktivieren ihr Vorwissen.
- strukturieren und sichern Unterrichtsinhalte.
- präsentieren Arbeitsergebnisse.
- vertiefen eingeführte Inhalte.

Fach/Klasse

Alle Fächer und alle Klassen

Einsatzmöglichkeiten

Abfrage und Strukturierung von Vorwissen, Erarbeitung und Darstellung von erarbeiteten Inhalten, Sicherung erarbeiteter Inhalte, Verbreitung von Inhalten und Aufgaben, Reflexion zur Nutzung digitaler Medien zur Verbreitung von Inhalten

Verwendungshinweise

TaskCards ist eine Onlineplattform, die browserbasiert funktioniert. Die browserbasierte Version kann mit jedem digitalen Endgerät genutzt werden. Zur Nutzung der Plattform ist eine Registrierung mit Benutzernamen, Email und Passwort erforderlich. Sollte ein Lizenzschlüssel z. B. seitens der Schule vorhanden sein, kann man diesen bei der Registrierung eingeben. Schülerinnen und Schüler benötigen keinen eigenen Zugang, sondern können über einen Token (QR-Code, Link, Einbettungscode) zur Pinnwand eingeladen werden. Dabei ist es möglich den Lernenden und auch Gruppen von Lernenden unterschiedliche Rechte zuzuweisen (Lesen, Bearbeiten etc.). Werden die Pinnwände öffentlich gemacht, können die Inhalte ohne Token gelesen werden.
Bei der kostenlosen Version können maximal zwei Pinnwände erstellt und geteilt werden. Es werden verschiedene Lizenz-Modelle angeboten.

Vorbereitung	
✍ Mobile Endgeräte oder Computer (Lehrkraft und/oder Lernende) ✍ Geräte und Updates prüfen ✍ Padlet im Browser aufrufen ✍ Registrieren und anmelden ✍ Pinnwand erstellen, speichern und teilen ✍ Ggf. Präsentationsmöglichkeiten prüfen (Beamer oder Smartboard)	
Sozialformen	**Ähnliche Tools**
Einzel-, Partner-, Gruppenarbeit und Plenum	✍ Moodle ✍ Padlet ✍ H5P

Beschreibung

TaskCards bietet fünf verschiedene Formate, mit denen Inhalte strukturiert werden können:

1. Auf der Pinnwand lassen sich Inhalte ziegelsteinähnlich anordnen.
2. Die Tafel ermöglicht es, Inhalte auf der Folie zu verteilen, zu gruppieren und ähnlich wie eine Mindmap anzulegen.
3. In der Landkarte lassen sich beliebige Orte markieren und z. B. mit Einträgen (Links, Erläuterungen, Aufgaben etc.) verknüpfen.
4. Mittels des Zeitstrahls werden Inhalte entlang einer Horizontalen (Zeitstrahl) angeordnet. Die jeweiligen Einträge können weitere Informationen, Links und Dateien enthalten.
5. Im Blog werden Beiträge ähnlich wie in einem Chatverlauf generiert.

Alle Funktionen können von der Lehrkraft genutzt und (sukzessive) mit Inhalten gefüllt werden

TIPPS

- ✍ Die kostenlose Version von TaskCard erlaubt es nur, zwei verschiedene TaksCards gleichzeitig zu erstellen. Non-Profit Versionen für Organisationen mit zusätzlichen Features (mehr Speicherplatz, weitere Verwaltungsoptionen etc.) können über die Schule erworben werden.
- ✍ Da mehrere Administratoren für eine TaskCard zugelassen werden können, lassen sich Stunden auch mit anderen Lehrkräften im Rahmen des Teamteachings planen.

VARIANTEN

- In Moodle lassen sich über Kurse auch Inhalte, Aufgaben etc. für Lernende zur Verfügung stellen.
- H5P bietet die Möglichkeit, unterschiedliche interaktive Inhalte zu erstellen.

2.2 Podcasts/Audiobeiträge erstellen mit GarageBand

Ziele

Die Schüler/-innen …

- erarbeiten Inhalte selbstständig.
- verfassen Texte auf Grundlage erarbeiteter Informationen.
- sichern erarbeitete Inhalte, indem sie gesprochene Texte zusammenfassen.
- präsentieren/veröffentlichen erstellte Audiobeiträge.
- fördern ihr Hörverstehen.

Fach/Klasse

Alle Fächer und alle Klassen

Einsatzmöglichkeiten

Erarbeitung und Präsentation erarbeiteter Inhalte, Festigung und Sicherung des Gelernten, Transformation von Inhalten in ein anderes Genre

Verwendungshinweise

Audiobeiträge können nicht nur als Unterrichtsimpuls dienen, sondern lassen sich auch von Schüler/-innen eigenständig erstellen und zur Präsentation und Sicherung erarbeiteter Unterrichtsinhalte nutzen. Die App „GarageBand“, welche gratis für das Betriebssystem iOS und macOS erhältlich ist, bietet ein Tonstudio, in welchem verschiedene Audiospuren miteinander kombiniert werden können.

Vorbereitung

- Mobile Endgeräte (für Lernende; Anzahl abhängig von Sozialform)
- Geräte und Updates prüfen
- GarageBand aus dem App Store kostenfrei installieren (ggf. bereits vorinstalliert)

Sozialformen	Ähnliche Tools
Einzel-, Partner- und Gruppenarbeit	Anchor (App für iOS und Android)

Beschreibung

Podcasts erfreuen sich zunehmender Beliebtheit bei Schüler/-innen. Die Auseinandersetzung mit (politischen) Inhalten kann so auf interessante und motivierende Weise gestaltet werden. Mit der App „GarageBand" können Schüler/-innen u. a. eigene Podcasts erstellen und bearbeiten.

Zuvor geplante Texte können vorab aufgenommen und dann in die App hochgeladen oder direkt in dieser unter *Audio Recorder* erstellt werden. Die App bietet die Möglichkeit, mehrere Audiospuren zu kombinieren und den gesprochenen Text musikalisch mit Sounds aus der App zu unterlegen (Gitarre, Schlagzeug, Bass, Streicher etc.). So kann das Gesagte unterstrichen und ein umfassendes Hörerlebnis geschaffen werden. Die Überprüfung des Arbeitsstands ist jederzeit möglich.

Da sich die App intuitiv bedienen lässt, ist auch der Einsatz in den unteren Jahrgangsstufen problemlos möglich.

TIPPS

Die Bundeszentrale für politische Bildung stellt unter der Rubrik „Hintergrund aktuell – zum Nachhören" kostenlos zahlreiche Audiobeträge zur Verfügung, die als Beispiele genutzt werden können.

VARIANTEN

Anchor ist eine kostenfreie App für iOS und Android. Audio und Musik können in der App aufgenommen, importiert und bearbeitet werden. Es besteht außerdem die Möglichkeit, eine vorinstallierte Hintergrundmusik auszuwählen. Zudem können Podcasts kollaborativ erstellt werden.

2.3 Nachrichtensendungen erstellen mit Green Screen by Do Ink

Ziele

Die Schüler/-innen …
- erschließen sich Inhalte und präsentieren diese in einem Video.
- üben den Umgang mit der Kamera.
- drehen und schneiden ein Video.
- schulen ihre Recherchekompetenzen.

Fach/Klasse

Alle Fächer und alle Klassen

Einsatzmöglichkeiten

Erarbeitung neuer Inhalte, Sicherung erarbeiteter Inhalte, Präsentation von Inhalten in Form eines Videos

Verwendungshinweise

Die App „Green Screen by Do Ink." ist kostenfrei im App Store und bei Google Play erhältlich.
Für das Drehen des Videos werden ein Stativ, ein grüner Hintergrund, z. B. ein großes Tuch (als Greenscreen), und ein Tablet benötigt.

Vorbereitung

- Mobile Endgeräte (für Lernende)
- Geräte und Updates prüfen
- Rechtliche Rahmenbedingungen klären (ggf. Einwilligungserklärungen der Eltern einholen)
- Redebeiträge planen und ggf. passende Fotos/Videos recherchieren und auf dem Gerät (Tablet) speichern
- Ggf. Präsentationsmöglichkeiten prüfen (Beamer oder Smartboard)

Sozialform	Ähnliche Tools
Gruppenarbeit	iMovie (siehe S. 55, Kap. 3.5)

Beschreibung

Die App „Green Screen by Do Ink“ bietet die Möglichkeit, einfach Videos mit Greenscreen-Effekt zu erstellen, d. h. es kann ein Video erstellt und alle möglichen Hintergründe für den Greenscreen eingefügt werden. Über das *Pluszeichen (+)* wird ein neues Projekt angelegt. Die Schüler/-innen drehen zunächst ein Video vor dem Greenscreen und sprechen ihren zuvor vorbereiteten Text für ihre Nachrichtensendung ein. Das Video vor dem Greenscreen wird der mittleren Ebene hinzugefügt. Andere Fotos und Videos, die als Hintergrund erscheinen sollen (passend zum Inhalt des Textes), werden auf der oberen und/oder unteren Spur hinzugefügt. In der App können die Inhalte geschnitten und weitere Details verändert bzw. hinzugefügt werden.

TIPPS

Das vorinstallierte, englischsprachige Video „Sample Project“ in der App „Green Screen by Do Ink“ bietet hilfreiche Hinweise zur Erstellung eines Videos mit dem digitalen Tool.

VARIANTEN

iMovie ist eine kostenlose App für iOS (i. d. R. vorinstalliert auf Apple-Geräten. Mit dem Programm können Videoaufnahmen bearbeitet sowie Fotos/Bilder zu einem Film zusammengefügt werden. Auch können hier die Funktionen Blue- sowie Greenscreen genutzt werden.

2.4 Parteiausrichtungen kennenlernen mit dem Wahl-O-Mat

Ziele

Die Schüler/-innen …

- setzen sich mit den Programmen unterschiedlicher Parteien auseinander.
- positionieren sich zu unterschiedlichen Thesen aus den Bereichen Politik, Wirtschaft und Gesellschaft.
- ordnen ihre Positionen in das parteipolitische Spektrum ein.

Fach/Klasse

Wirtschaft-Politik, Sozialwissenschaften, Sozialkunde; ab Klasse 8

Einsatzmöglichkeiten

Im Rahmen von Kommunal-, Landtags-, Bundestagswahlen (oder Juniorwahlen)
Zur Auseinandersetzung mit/Erarbeitung von Parteiausrichtungen

Verwendungshinweise

Der Wahl-O-Mat ist ein digitales Frage-und-Antwort-Tool (browserbasiert oder als App), mit dem Schüler/-innen prüfen können, welche der zu einer Wahl zugelassenen Parteien der eigenen politischen Position am nächsten steht.
Die Verwendung des Wahl-O-Mats sollte in jedem Fall in den Unterricht eingebunden werden und bedingt eine Vor- und Nachbereitung. Ziel der Anwendung ist es nicht, Wahlempfehlung auszusprechen, sondern die Nutzer/-innen über Wahlen und Politik zu informieren.

Vorbereitung

- Mobile Endgeräte oder Computer (Lernende und/oder Lehrkraft; Anzahl abhängig von Sozialform)
- Geräte und Updates prüfen
- Ggf. Wahl-O-Mat-App kostenfrei aus dem App Store oder bei Google Play herunterladen
- Ggf. Präsentationsmöglichkeiten prüfen (Beamer oder Smartboard)

Sozialformen	Ähnliche Tools
Einzelarbeit, Gruppenarbeit, Plenum	WahlSwiper (kostenfreie App für iOS und Android) DeinWal.de (browserbasiert) Yourvotematters.eu (browser-basiert)

Beschreibung

Mit dem Start der Anwendung, werden den Nutzer/-innen nacheinander 38 Thesen (unterscheiden sich jeweils entsprechend der Wahl) angezeigt, zu denen sie sich positionieren müssen. Die Auswahl umfasst die Möglichkeiten „stimme zu“, „stimme nicht zu“, „neutral“ oder „These überspringen“. Die Schüler/-innen können jederzeit zurückgehen und einzelne Antworten ändern. Eine Gewichtung der Thesen erfolgt nach der Positionierung, wobei gewichtete Thesen doppelt zählen.

Anschließend können die Schüler/-innen die für sie interessanten Parteien, die zur jeweiligen Wahl zugelassen sind, auswählen. Diese Auswahl kann beliebig oft verändert werden, ohne die Thesen erneut beantworten zu müssen. Zudem wird zu jeder zur Wahl zugelassenen Partei hier ein Parteienprofil des Angebots wer-steht-zur-wahl.de verlinkt. Über einen Klick auf das Logo der Partei erhalten Schüler/-innen eine kurze Vorstellung zu jeder Partei.

Die Ergebnisübersicht zeigt die ausgewählten Parteien geordnet nach der Nähe zur eigenen Position. Durch ein Balkendiagramm wird das Ausmaß der Übereinstimmung dargestellt. Unter *Begründungen nach Thesen* werden Antworten sowie die Antworten und Begründungen der Parteien zu jeder These aufgelistet. Die Parteien werden dabei nach deren Antworten („stimme zu“, „neutral“, „stimme nicht zu“) angezeigt.

Unter *Begründungen nach Parteien* können alle Antworten nur einer Partei zu allen 38 Thesen nachgelesen werden.

TIPPS

- Unter dem Stichwort „Unterricht" können Lehrkräfte auf der Website von Wahl-O-mat.de Unterrichtsmaterialien herunterladen, um den Wahl-O-Mat im Unterricht und für Veranstaltungen, Diskussionsrunden oder Interviews zu nutzen.
- Über den Link zu „Wer steht zur Wahl" gelangt man zu einem wissenschaftlichen Kurz-Profil zu jeder zur Wahl zugelassenen Partei.
- Den Schüler/-innen kann zu Beginn ein kurzes Video zur Nutzung des Wahl-O-Mats gezeigt werden, das auf der Website bpb.de der Bundeszentrale für politische Bildung zu finden ist.

VARIANTEN

WahlSwiper kann als App (App Store oder Google Play) oder als Desktopversion genutzt werden. Auch hier werden den Nutzer/-innen Fragen gestellt, zu denen sie sich positionieren sollen und die im Anschluss gewichtet werden können. Die Antworten können mit allen Parteien gleichzeitig oder mit ausgewählten verglichen werden.

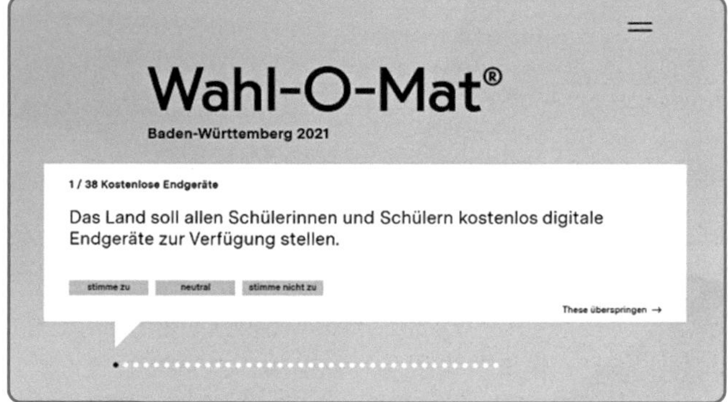

Wahl-O-Mat (© bpb)

2.5 Über politische Themen diskutieren mit Diskutier Mit Mir

Ziele

Die Schüler/-innen …

- setzen sich kritisch mit unterschiedlichen Fragestellungen aus den Bereichen Wirtschaft, Politik, Gesellschaft auseinander.
- fällen (spontane) Urteile zu bestimmten Sachverhalten.
- vertreten ihre Meinung in Diskussionen.
- wenden erworbenes Wissen an.

Fach/Klasse

alle; ab 17 Jahren (Empfehlung des Herstellers)

Einsatzmöglichkeiten

Insbesondere am Ende der gymnasialen Oberstufe und zur Förderung der Diskussionskompetenzen

Verwendungshinweise

Mithilfe des digitalen Tools „Diskutier Mit Mir" können Schüler/-innen mit Personen, die eine andere Meinung vertreten und die das Tool zeitgleich benutzen, über politische Themen schriftlich diskutieren. Eine Registrierung ist nicht notwendig. Profilangaben (Pseudonym, Alter, Bundesland, Parteipräferenz) können freiwillig eingegeben und selbstständig jederzeit gelöscht werden. Das Programm kann im Browser oder als App verwendet werden. Die Diskussion verläuft 1:1 und anonymisiert.

Vorbereitung

- Mobile Endgeräte oder Computer (für Lernende)
- Geräte und Updates prüfen
- Ggf. App kostenfrei aus dem App Store oder bei Google Play herunterladen

Sozialformen	Ähnliche Tools
Einzel- und Partnerarbeit	- Twitter (siehe S. 33, Kap. 2.6) - tricider (browserbasiert) - Talking Europe (kostenfreie App für iOS und Android)

Beschreibung

Im Rahmen der Demokratiebildung sollen Schüler/-innen dazu befähigt werden, ihre Meinungen begründet in der (digitalen) Öffentlichkeit zu vertreten. Die App „Diskutier Mit Mir" bietet dabei die Möglichkeit, Kommunikationskompetenzen von Lernenden zu fördern.

Zu Beginn der Anwendung kann aus verschiedenen aktuellen Themen eine Auswahl getroffen werden. Die vorgeschlagenen Themen (z. B. Klimakrise und Energiewende, Armut in Deutschland, Krieg und Frieden) können sich auf Deutschland oder auch die europäische Ebene beziehen. Wenn Nutzer/-innen sich für ein Thema, über das sie diskutieren wollen, entschieden haben, werden sieben unterschiedliche Thesen zu dem entsprechenden Thema angezeigt. Vor dem Start der Diskussion muss in der App eine Abstimmung zu mindestens einer der Thesen erfolgen.

Nach der Positionierung bzgl. der Thesen sucht das Programm automatisch ein Gegenüber für die Diskussion aus. Dieses vertritt eine möglichst gegensätzliche Position, damit eine lebendige Diskussion entstehen kann. Die Chats werden weder gespeichert noch ausgewertet.

TIPPS

- Nutzer/-innen können mittels Push-Benachrichtigungen informiert werden, wenn ein Diskussionspartner bzw. eine Diskussionspartnerin oder ein neues Match schreibt.

VARIANTEN

- Eine andere Möglichkeit, Schüler/-innen digital diskutieren zu lassen, bietet das browserbasierte Programm „tricider". Diskussionsräume können schnell und einfach zu bestimmten Themen eröffnet und andere Personen über einen automatisch erstellten Link eingeladen werden.
- Über die App „Talking Europe" können nach dem gleichen Prinzip Diskussionen mit Personen aus anderen europäischen Ländern geführt werden.

2.6 Twitter für politische Themen nutzen

Ziele

Die Schüler/-innen …

- schulen ihre Informationskompetenzen.
- nehmen Stellung zu verschiedenen Themen.
- verfassen kurze Kommentare zu (politischen) Themen.
- schulen ihr Verhalten in digital vernetzen Sozialräumen.

Fach/Klasse

Alle Fächer, ab Jahrgangsstufe 10

Einsatzmöglichkeiten

Begleitend zu einer Unterrichtseinheit bzw. einem Projekt

Verwendungshinweise

Zur Nutzung von Twitter müssen sich Schüler/-innen mit einer gültigen E-Mail-Adresse anmelden. Eine Anmeldung ist ab 13 Jahren möglich. Es ist denkbar, dass die Lehrkraft einen Account für die Klasse anlegt, auf den die Schüler/-innen zugreifen können.

Vorbereitung

- Mobile Endgeräte (für Lehrkraft und Lernende)
- Geräte und Updates prüfen
- Anmeldung auf Twitter
- ggf. Account für Klasse/Kurs erstellen
- Rechtliche Rahmenbedingungen klären (ggf. Einwilligungserklärungen der Eltern einholen)

Sozialformen	**Ähnliche Tools**
Einzelarbeit und Plenum	- Moodle (browserbasiert, Schulaccount notwendig) - Padlet (siehe S. 21, Kap. 2.1)

Beschreibung

Durch die rasante Veränderung von Informations- und Kommunikationsräumen im Internet, müssen Lernende Kompetenzen im Umgang mit Informationen, Technologien und Medien erwerben, um in digitalen Räumen wie Twitter souverän handeln zu können. Das digitale Tool „Twitter" dient der Verbreitung von Ideen sowie Informationen, dem Aufbau von Communitys und dem Meinungsaustausch. Die Nutzenden entscheiden wem sie – je nach Ansichten über Personen, Ideen, Meinungen, Videos und anderen Dingen – folgen möchte. Jemandem zu folgen bedeutet jedoch nicht automatisch, dass man die Meinung der anderen Person vertritt. Zudem kann man einer Seite, Person etc. auch entfolgen. Öffentliche Tweets können weiterverbreitet und kommentiert werden. Es ist ebenso möglich, eigene Tweets zu veröffentlichen. Hashtags (#beispielbegriff) dienen der Verbindung mit anderen Personen, dem Austausch und der Organisation sowie der Auswahl von Unterhaltungen bzw. Diskussionen.

TIPPS

Auf der Website von Twitter unter dem Punkt „So twitterst du" finden Lehrkräfte und Schüler/-innen hilfreiche Informationen zum Erstellen eines Tweets.

VARIANTEN

- In der Anwendung „Backchannel" kann bei Padlet digital diskutiert werden. Es gibt hier auch die Möglichkeit, dass Schüler/-innen direkt auf Posts reagieren, indem sie diese z. B. liken.
- Eine andere Möglichkeit, Schüler/-innen digital diskutieren zu lassen, bietet das browserbasierte Programm „Moodle". Moodle ist an einigen Bildungseinrichtungen vertreten. Ist ein Kurs der Lehrkraft eingerichtet, ist es dieser möglich, Diskussionsräume zu bestimmten Themen zu eröffnen. Diskussionen können gespeichert und nachverfolgt werden.

2.7 Webquests im Internet durchführen

Ziele

Die Schüler/-innen …

- schulen ihre Recherchekompetenzen.
- erschließen sich selbstständig relevante Informationen zu einem vorgegebenen Thema aus unterschiedlichen Materialien (Texte, Grafiken, Videos etc.).

Fach/Klasse

Alle Klassen und alle Fächer

Einsatzmöglichkeiten

Eigenständige Erschließung eines bestimmten Sachverhalts; angeleitete Internetrecherche

Verwendungshinweise

Mittels Webquests wird Schüler/-innen ein Rahmen bei der Internetrecherche vorgegeben. Sind Schüler/-innen eher ungeübt, benötigen sie konkretere Vorgaben (z. B. nur Verwendung vorgegebener Links) zur Recherche, andernfalls kann den Lernenden auch Freiräume für eigene Recherchen gegeben werden.

Die Vorbereitung eines Webquests erfordert einen relativ hohen Zeitaufwand, da viele unterschiedliche Materialien gesichtet und z. B. entsprechende QR-Codes erstellt werden müssen. Auch sollten Auswahlkriterien wie z. B. die Relevanz oder Aspekte wie die Urheberschaft berücksichtigt werden. Zu überprüfen ist zudem die Aktualität der angegebenen Websites, da diese schnell veralten oder ggf. abgeschaltet werden. Auch muss den Schüler/-innen zuvor der Umgang mit Werbung auf den Websites verdeutlicht werden.

Vorbereitung

- Mobile Endgeräte oder Computer (für Lernende)
- Geräte und Updates prüfen
- Links recherchieren und ggf. in entsprechende QR-Codes (siehe Tipp auf der folgenden Seite) transformieren

Sozialformen	Ähnliche Tools
Einzel-, Partner- und Gruppenarbeit	keine

Beschreibung

Der Begriff „Webquest" meint eine Spurensuche im Internet. Das bedeutet, eine eigenständige Informationssuche wird über Fragen zum Unterrichtsfach angeleitet und mit konkreten Arbeitsaufträgen verknüpft. Das Ziel der Spurensuche sollte dabei stets im Fokus stehen: Dies kann eine politische Problemstellung oder ein Fallbeispiel sein, das mithilfe der angegebenen Internetquellen bearbeitet wird. Zudem können je nach Schwierigkeitsgrad konkrete Hinweise zum Arbeitsprozess gegeben werden. Am Ende des Webquests sollte eine Präsentation einzelner (Gruppen-)Ergebnisse erfolgen.

TIPPS

- QR-Codes lassen sich im Internet mit einem QR-Code-Generator erstellen.
- Längere Links können in eine Kurz-URL umgewandelt werden mit einem URL-Shortener.
- In die Recherche können neben Texten auch Grafiken, Videos etc. eingebunden werden (auch im Sinne einer Binnendifferenzierung).
- Alternativ können Webquests auch mit analogen Medien durchgeführt werden.

Unterrichtsbeispiel

Das Unterrichtsbeispiel zeigt einen Ausschnitt eines möglichen Webquests zum Themenbereich „Demokratie".

Im Zusammenhang mit einer geringen Wahlbeteiligung in Deutschland wird auch die Frage diskutiert, ob das Wahlalter auf Bundesebene auf 16 Jahre herabgesenkt werden sollte.
Im Rahmen dieses Webquests lernst du Argumente für und gegen das Herabsenken des Wahlalters kennen.

1. Welche Funktionen/Aufgaben hat der Bundestag?
Benenne die Funktionen/Aufgaben des Deutschen Bundetags.

Link zu einem Text über Funktionen/Aufgaben des Bundestags
Link zu einem Erklärfilm über Funktionen/Aufgaben des Bundestags

usw.

2.8 Fake News erkennen mit dem Fakefinder

Ziele

Die Schüler/-innen …

- setzen sich kritisch mit Social-Media-Nachrichtenfeed auseinander.
- erkennen Fake News.

Fach/Klasse

Politik, Sozialwissenschaften, Sozialkunde; ab 14 Jahren (Empfehlung des Herstellers); Klasse 8 bis 10

Einsatzmöglichkeiten

Zur Einführung in die Thematik „Fake News", zur Überprüfung und Anwendung des Gelernten

Verwendungshinweise

Das digitale Lernspiel „Fakefinder" vom SWR ist browserbasiert und kann ohne Registrierung genutzt werden. Schüler/-innen müssen sich zu Beginn einen Nickname geben. Wird das Spiel im Klassenverband gespielt, muss die Lehrkraft die Version „Fakefinder School" nutzen und zu Beginn dem individuellen Lernraum einen Namen geben, eine Auswahl aus dem Aufgabenpool treffen sowie einen inhaltlichen Schwerpunkt setzen. In diesem Fall wird auch ein Beamer oder eine andere Möglichkeit zur Visualisierung im Klassenraum benötigt. Allgemein sind die Begriffe „Satire" und „Fake News" vor Spielbeginn zu klären.

Vorbereitung

- Mobile Endgeräte oder Computer (für Lehrkraft und/oder Lernende; Anzahl abhängig von Sozialform)
- Geräte und Updates prüfen
- Website von swrfakefinder.de aufrufen
- Nickname auswählen
- Ggf. Name für Lernraum, Auswahl aus Aufgabenpool, Setzung eines inhaltlichen Schwerpunkts
- Ggf. Präsentationsmöglichkeiten prüfen (Beamer oder Smartboard)

Sozialformen	Ähnliche Tools
Einzel-, Partner-, Gruppenarbeit und Plenum	✍ FakeFilter.de (browserbasiert) ✍ Fake News Check (kostenfreie App für iOS und Android) ✍ klicksafe Quiz: Fake News (browserbasiert)

Beschreibung

Fake News sind kein neues Phänomen, jedoch erreichen sie durch die Verbreitung in sozialen Medien in viel kürzerer Zeit eine Vielzahl von Menschen. Gefälschte Nachrichten sind nicht immer leicht zu erkennen und können dadurch Einfluss auf den politischen Willensbildungsprozess nehmen. Schüler/-innen müssen dementsprechend darin geschult werden, Fake News zu erkennen. Mit dem Spiel „Fakefinder" vom SWR können Schüler/-innen spielerisch üben, Fake News zu erkennen.

Spieler/-innen erhalten in einem fiktiven Chat verschiedene Nachrichten, die sie entsprechend in die folgenden Kategorien einordnen müssen: „Fake", „Kein Fake" und „Satire". Liegt eine spielende Person falsch mit ihrer Einschätzung, erklärt ihr der virtuelle Freund, warum dies so ist.

Am Ende wird den Spielenden angezeigt, wie viele Aufgaben sie richtig gelöst und ob sie es mit ihrem jeweiligen Ergebnis in den Highscore geschafft haben. Das Ergebnis kann über Facebook oder Twitter geteilt werden.

TIPPS

- ✍ Passendes Unterrichtsmaterial zum Spiel finden Lehrkräfte auf der SWR-Website zum Fakefinder.
- ✍ Um das Spiel im Klassenverband zu spielen, können Lehrkräfte das Programm „Fakefinder School" nutzen.

VARIANTEN

- ✍ Zur Auseinandersetzung mit Merkmalen und dem Erkennen von Fake News eignet sich auch die kostenfreie App „Fake News Check". Mithilfe von 19 Fragen können Nutzer/-innen Nachrichten aus dem Internet auf Seriösität prüfen. Mittels eines Ampelsystems wird die Glaubwürdigkeit der Nachricht am Ende der Anwendung bewertet. Zudem verfügt das Tool über ein Glossar mit zentralen Begriffen zum Thema Nachrichten und Digitalisierung.

2.9 Mit Bad News Strategien von Fake News erkennen

Ziele

Die Schüler/-innen …

- setzen sich kritisch mit Fake News und ihren Wirkungsabsichten auseinander.
- versetzen sich in die Rolle einer verbreitenden Person von Desinformationen und setzen sich kritisch mit dieser Rolle auseinander.
- schulen den Umgang in virtuellen, sozialen Kommunikationsräumen.

Fach/Klasse

Politik, Sozialwissenschaften, Sozialkunde; ab 14 Jahren (Empfehlung des Herstellers); Klasse 8 bis10

Einsatzmöglichkeiten

Im Rahmen der Auseinandersetzung mit den Themen: Fake News, Social Media, Meinungsfreiheit; zur Überprüfung und Anwendung des Gelernten

Verwendungshinweise

Das digitale Lernspiel „Bad News" kann browserbasiert genutzt werden. Notwendig sind eine stabile Internetverbindung und digitale Endgeräte (Smartphone, Tablet oder PC). Eine Registrierung ist nicht notwendig. Allgemein ist der Begriff „Fake News" vor Spielbeginn zu klären.

Vorbereitung

- Mobile Endgeräte oder Computer (ggf. Lehrkraft und Lernende)
- Geräte und Updates prüfen
- Website von getbadnews.de aufrufen
- Ggf. Präsentationsmöglichkeiten prüfen (Beamer oder Smartboard)

Sozialformen	**Ähnliche Tools**
Einzel- und Partnerarbeit	- Fake It To Make It (browserbasiert) - Fake-News-App (browserbasiert)

Beschreibung

Im Rahmen des digitalen Lernspiels „Bad News" versetzen sich die Lernenden in die Rolle einer verbreitenden Person von falschen Nachrichten. Schüler/-innen sollen Strategien hinter der Verbreitung von Desinformationen erkennen und folglich für den Umgang mit Meldungen im Internet sensibilisiert werden.

Die Spielenden werden mit unterschiedlichen Aufgaben konfrontiert, z. B. ihren vermeintlichen Frust auf Twitter auszulassen. In diesem Kontext werden ihnen verschiedene mögliche Nachrichten vorgeschlagen, die sie veröffentlichen können. Ziel ist es, seine Glaubwürdigkeit zu steigern und mehr Follower zu gewinnen. Zu diesem Zweck dürfen die Spielenden weder zu viele Skrupel beim Verbreiten falscher Nachrichten zeigen, noch Nachrichten verbreiten, die viel zu abstrus sind. Im Laufe des Spiels können sich die Spielenden Abzeichen erarbeiten, die die Methoden hinter der Verbreitung falscher Nachrichten verdeutlichen (Identitätsbetrug, Emotion, Polarisierung, Verschwörung, Verruf und „Trollen"). Die Bezeichnungen dieser Schlüsselkompetenzen gehen auf den „Digital Hydra"-Bericht des NATO Strategic Communications Centre of Excellence, in welchem verschiedene Formen der Desinformation beschrieben werden, zurück.

TIPPS

Auf der Website von getbadnews.de finden Lehrkräfte auf der Startseite einen Hinweis auf ein downloadbares Infoblatt.

VARIANTEN

Im Spiel „Fake It To Make It" der Bundeszentrale für politische Bildung sind die Spielenden verantwortlich für die Entstehung und die Verbreitung reißerischer und falscher Nachrichten. Mit gekauften Profilen verbreiten sie diese in Gruppen auf sozialen Plattformen. Die Richtigkeit der Nachrichten ist dabei nebensächlich, sie müssen interessant, glaubhaft und möglichst dramatisch sein.

2.10 Moderate Cuddlefish: Mit Hate Speech umgehen

Ziele

Die Schüler/-innen …

- setzen sich kritisch mit Hate Speech und ihrer Wirkung auseinander.
- versetzen sich in die moderierende Rolle eines fiktiven netzbasierten Diskussionsforums zum Thema „Klimawandel, -schutz" und reflektieren diese kritisch.
- schulen den Umgang mit anderen in virtuellen, sozialen Kommunikationsräumen.

Fach/Klasse

Politik, Sozialwissenschaften, Sozialkunde; ab 14 Jahren (Empfehlung des Herstellers); Klasse 8 bis 11

Einsatzmöglichkeiten

Im Rahmen der Auseinandersetzung mit den Themen: Hate Speech, Diskriminierung, Social Media, Meinungsfreiheit, zur Einführung der Begriffe „Meinungsfreiheit", „Hate Speech" oder zur Überprüfung des Gelernten

Verwendungshinweise

Das Serious Game (digitales Lernspiel) „Moderate Cuddlefish" kann browserbasiert genutzt werden. Notwendig sind eine stabile Internetverbindung und digitale Endgeräte (Smartphone, Tablet oder PC).
Die Äußerungen im fiktiven, virtuellen Kommunikationsraum sind z. T. provokativ. Es liegt im Ermessen der Lehrkraft einzuordnen, inwiefern sich das Spiel bereits für Schüler/-innen ab einem Alter von 14 Jahren eignet (Empfehlung des Herstellers).

Vorbereitung

- Mobile Endgeräte oder Computer (ggf. Lehrkraft und Lernende)
- Geräte und Updates prüfen
- Website von moderate-cuddlefish.de aufrufen
- Ggf. Präsentationsmöglichkeiten prüfen (Beamer oder Smartboard)

Sozialformen	Ähnliche Tools
Einzel-, Partnerarbeit	keine

Beschreibung

Die Schüler/-innen versetzen sich in die Rolle eines Moderators bzw. einer Moderatorin des (fiktiven) neuen sozialen Netzwerks „Cuddlefish". Aufgabe ist es, aggressive Kommentare zum Thema „Klimakrise" von User/-innen zu erkennen und zu löschen bzw. Kommentare, die von Aggression und Gewalt geprägt sind, zu filtern.

Die Kommentare (Cuddles) erfolgen dabei immer schneller, weshalb es stets schwieriger wird, zwischen seriösen Beiträgen bis hin zu Hate Speech zu unterscheiden. Allgemein ist es die Aufgabe der moderierenden Person, für eine demokratische und faire Kommunikation zu sorgen. Werden jedoch Kommentare gelöscht, die viele Likes haben, oder verhärten sich die Fronten, verlassen User/-innen die Cuddlefish-Plattform. Nach jedem der fünf Level bzw. Spieldurchläufe wird eine Berichterstattung über die Ausrichtung und den Erfolg des fiktiven Netzwerks angezeigt, welches den Schüler/-innen als Feedback zu ihrem Spielerfolg dient.

TIPP Zur Einführung in das Spiel kann eine Runde „öffentlich" im Plenum gespielt werden.

2.11 Demokratische Prozesse mit dem Kanzlersimulator spielerisch erschließen

Ziele

Die Schüler/-innen …

- erschließen sich demokratische Prozesse auf Bundesebene.
- wenden ihr Wissen spielerisch an (insbesondere zu den Themen „Regierungsbildung" und „Gesetzgebung").
- versetzen sich in die Rolle eines Bundeskanzlers/einer Bundeskanzlerin und reflektieren diese.

Fach/Klasse

Politik, Sozialkunde, Klassen 7 bis 9

Einsatzmöglichkeiten

Im Rahmen der Auseinandersetzung mit der Bundestagswahl, den Verfassungsorganen, zur Einführung in politische Prozesse auf Bundesebene oder zur Überprüfung und Anwendung des Gelernten

Verwendungshinweise

Das digitale Lernspiel „Der Kanzlersimulator" vom SWR und WDR funktioniert browserbasiert. In der Rolle des/-r Bundeskanzlers/-in versuchen die Spieler/-innen innerhalb einer Legislaturperiode so erfolgreich wie möglich ihre politischen Vorhaben umzusetzen, mit dem Ziel wiedergewählt zu werden. Thematische Schwerpunkte sind Regierungsbildung und Gesetzgebung auf Bundesebene.

Vorbereitung

- Mobile Endgeräte oder Computer (ggf. Lehrkraft und Lernende)
- Geräte und Updates prüfen
- Website von planet-schule.de öffnen und den Kanzlersimulator suchen
- Ggf. Präsentationsmöglichkeiten prüfen (Beamer oder Smartboard)

Sozialformen	Ähnliche Tools
Einzel- und Partnerarbeit	keine

Beschreibung

Die Auseinandersetzung mit demokratischen Prozessen im Unterricht ist i.d.R. ein langweiliges Thema aus Schüler/-innenperspektive. Der Kanzlersimulator vermittelt spielerisch Einblicke in die Aufgaben einer Regierung und insbesondere der Bundeskanzlerin bzw. des Bundeskanzlers.

Zu Beginn müssen die Schüler/-innen einen Kanzler/-innen-Avatar gestalten. Hierfür sollte die Lehrkraft einen Zeitrahmen (ca. 3 bis 5 Minuten) vorgeben. Vor der Wahl zum Kanzler/zur Kanzlerin muss ein Wahlprogramm erstellt werden. Hierzu werden im Hinblick auf die Bereiche „Kultur und Bildung“, „Umwelt“, „Soziales“, „Wirtschaft“ und „Sicherheit“ Wahlversprechen getroffen. Die Ergebnisse können mit der Haltung der deutschen Bevölkerung und den Parteien des Deutschen Bundestags verglichen werden. Auf dieser Basis entscheidet sich die spielende Person für eine Partei.

Nach einer simulierten Bundestagswahl wird das Wahlergebnis in den Nachrichten bekannt gegeben und das Ergebnis durch die Nachrichtensprecherin interpretiert. Die anschließende Regierungsbildung verläuft in den folgenden Schritten: Koalitionsbildung, Kanzlerwahl und Ministerernennung.

Während des Spiels muss der Haushaltsplan erstellt, Gesetze verabschiedet und dabei Gegner der Gesetze überzeugt sowie Öffentlichkeitskampagnen durchgeführt werden. Auch treten unerwartete Ereignisse auf, auf die der Kanzler/die Kanzlerin reagieren muss. Für alle Entscheidungen gibt es Punkte oder es werden Punkte abgezogen. Ziel des Spiels ist es, die nächste Bundestagswahl für sich zu entscheiden.

TIPPS

- Tipps und Hinweise zum Spiel finden Lehrkräfte auf der Website von planet-schule.de
- Zusatzmaterialien (z.B. Reflexionsbogen) sind dort ebenfalls zu finden.
- Vor dem Spiel sollte den Schüler/-innen die Möglichkeit gegeben werden, sich mithilfe des interaktiven Intros („Kurzanleitung“) die wichtigsten Funktionen der Spieloberfläche anzusehen und die Voreinstellungen (Zeit für einen Spieldurchlauf sowie freie Wahl oder Bundestagswahl 2017) festzulegen.
- Ein Video zur Einführung in das Spiel ist ebenfalls auf der Website von planet-wssen.de zu finden.

VARIANTEN keine

2.12 Politik verstehen mit Hanisauland

Ziele

Die Schüler/-innen …

- erschließen demokratische Prozesse.
- erlernen und vertiefen Fachbegriffe.
- setzen sich mit Problemen aus den Bereichen Politik, Wirtschaft und Gesellschaft auseinander.
- erarbeiten mögliche Lösungen für Probleme/Konflikte.

Fach/Klasse

Politik, Sozialkunde, Klassen 5 bis 7

Einsatzmöglichkeiten

Erarbeitung neuer Inhalte, Erschließung von Fachbegriffen aus den Bereich Politik, Wirtschaft und Gesellschaft, Vertiefung des Gelernten

Verwendungshinweise

Die App „Hanisauland" von der Bundeszentrale für politische Bildung ist kostenfrei für iOS und Android erhältlich. Eine Registrierung ist nicht notwendig.

Vorbereitung

- Mobile Endgeräte oder Computer (ggf. Lehrkraft und Lernende; Anzahl abhängig von Sozialform)
- Geräte und Updates prüfen
- App installieren
- Ggf. Präsentationsmöglichkeiten prüfen (Beamer oder Smartboard)

Sozialformen	Ähnliche Tools
Einzel-, Partner- und Gruppenarbeit	keine

Beschreibung

Die Startseite der App „Hanisauland" zeigt das fiktive Land „Hanisauland" und seine Bewohner/-innen. Die Schüler/-innen können durch das Bewegen der Benutzeroberfläche (mit der Maus oder dem Finger) Eindrücke von den

Bewohner/-innen und dem Land gewinnen. Zudem finden sie dort die vier Bereiche, die die App zur Verfügung stellt, die auch zusätzlich geordnet hinter dem *Listen*-Button am oberen rechten Rand zu finden sind. Mithilfe der Comics über die Bewohner/-innen Hanisaulands werden die Schüler/-innen mit unterschiedlichen politischen Sachverhalten und Problemen sowie mit möglichen Lösung konfrontiert. Die Comics sind nummeriert, können jedoch auch nach Themen aufgerufen werden. Mithilfe des Lexikons werden den Schüler/-innen wichtige Begriffe erklärt. Zudem haben sie die Möglichkeit, direkt Fragen zu stellen. Begriffe, die mit einer *Kappe* versehen sind, gibt es zudem alternativ in einfacher Sprache. Im Kalender finden die Schüler/-innen unterschiedliche Ereignisse, die an dem jeweiligen Tag stattgefunden haben. Die Spiele bieten z.T. die Möglichkeit, Inhalte zu wiederholen oder zu festigen. Sie dienen jedoch auch der Unterhaltung.

TIPP Die App bietet viele Gelegenheiten, das selbstständige Lernen zu fördern und das Lernen auf Distanz zu ermöglichen. Die App lässt sich intuitiv bedienen.

Material/Beispielaufgabe

Vorbereitungen:

- ✍ Lade dir die kostenlose App „Hanisauland" herunter.
- ✍ Mache dich dann mit den Bewohnerinnen und Bewohnern von Hanisauland und den Funktionen der App vertraut.
- ✍ Gehe auf das Feld **Comics**. Wähle unter dem Button Themen **Wirtschaft und Geld** und als nächsten Schritt **Taschengeld** aus.

1. Aufgabe: Lies dir den **Comic 128 „Taschenmäuse"** genau durch. Beantworte die Frage auf der letzten Seite des Comics schriftlich in deinem Heft.

2. Aufgabe: Gehe zurück ins Hauptmenü und klicke auf das Lexikon. Wähle die Sprache **Deutsch** aus. Suche dann den Begriff **Taschengeld** im Lexikon. Fasse den Inhalt dieses **Lexikonartikels** in eigenen Worten zusammen.

3. Aufgabe: Überprüfe deine Antwort aus Aufgabe 1 mithilfe des Lexikonartikels und verbessere sie, falls nötig.

PHASE 3: SICHERUNG

3.1 Gelerntes spielerisch überprüfen mit Kahoot!

Ziele

Die Schüler/-innen ...
- erarbeiten und sichern Unterrichtsinhalte.
- überprüfen ihre erworbenen Kenntnisse.

Fach/Klasse

Alle Fächer und alle Klassen

Einsatzmöglichkeiten

Überprüfung gelernter Inhalte am Ende einer Unterrichtseinheit, Aktivierung und Überprüfung des Vorwissens zu Beginn einer Unterrichtseinheit

Verwendungshinweise

Kahoot! ist ein Programm, das als App oder im Browser auf allen digitalen Endgeräten genutzt werden kann und mit allen Betriebssystemen kompatibel ist. Die Registrierung ist für Schüler/-innen und Lehrkräfte kostenfrei. Um ein Quiz zu spielen, ist keine Registrierung erforderlich, benötigt wird nur die entsprechende PIN. Bei der kostenfreien Version kann nur zwischen zwei Frage-Antwort-Mustern gewählt werden. Kahoot! bietet verschiedene kostenpflichtige Versionen (auch extra für den Bildungsbereich) an. Je nach Version stehen dann z. B. mehr Fragetypen zur Verfügung oder es können Lehrer/-innengruppen gebildet werden. Informationen hierzu finden Lehrkräfte auf der Seite von kahoot.com.

Vorbereitung

- Mobile Endgeräte oder Computer (ggf. Lehrkraft und Lernende; Anzahl abhängig vom Spielmodus)
- Geräte und Updates prüfen
- Kahoot! (App für iOS, Android, kostenfrei, In-App-Käufe möglich; browserbasiert) auf den Geräten installieren oder im Browser öffnen
- Präsentationsmöglichkeiten prüfen (Beamer oder Smartboard)

Sozialformen	Ähnliche Tools
Einzelarbeit, Plenum	☝ Socrative (browserbasiert, kostenfreie App für iOS, Android) ☝ Quizlet (iOS, Android, Windows, Chrome: kostenfrei, ggf. Werbung, In-App-Käufe) ☝ LearningApps.org (siehe S. 49, Kap. 3.2)

Beschreibung

Mit dem Programm Kahoot! können Lehrkräfte und/oder Schüler/-innen schnell und einfach eigene Quizze erstellen. Es können in der kostenfreien Version zwei unterschiedliche Frage-Antwort-Muster ausgewählt werden: Unter dem Punkt *Quiz* können bis zu vier Antwortmöglichkeiten formuliert werden, bei *True or False* muss die spielende Person entscheiden, ob die Frage bzw. Aussage wahr oder falsch ist. Nach der Speicherung des Spiels muss die Lehrkraft das Spiel starten. Zunächst muss die Lehrkaft entscheiden, ob jede/-r gegen jede/-n spielt („Klassisch") oder im „Teammodus" gespielt wird. Zudem kann die Lehrkraft weitere Optionen einstellen, z. B. ob die Fragen auf den digitalen Endgeräten der Lernenden oder nur über den Beamer/das Smartboard zu sehen sind. Hat man die Optionen ausgewählt, wird automatisch eine PIN generiert, mit dem Spieler/-innen Zugang zu dem jeweiligen Quiz erhalten. Die Schüler/-innen müssen sich dann einen Nickname geben. Die Lehrkraft kann über ihren Account sehen, welche und wie viele Schüler/-innen an dem Quiz teilnehmen. Die Erhebung der Antworten kann anonym erfolgen. Antworten können jedoch auch visualisiert werden, sodass die gesamte Gruppe einen Einblick in die Ergebnisse bekommt.

TIPP Im Internet finden sich zahlreiche Videos zur Anwendung von Kahoot!.

VARIANTEN Digitale Tools wie Socrative oder Quizlet bieten ebenfalls die Möglichkeit, Quizze zu erstellen und die Antworten der Schüler/-innen zu erheben. Das englischsprachige Programm „Socrative" funktioniert browserbasiert und ist als App erhältlich. Es gibt zwei Versionen „Socrative Student" und „Socrative Teacher", für die eine Registrierung notwendig ist. Die Lehrkraft kann in der Anwendung „Socrative Teacher" Quizze, Multiple-Choice-Aufgaben, Ja/Nein-Fragen etc. erstellen, auf die die Schüler/-innen über die App „Socrative Student" zugreifen können.

3.2 Lernspiele erstellen mit LearningApps.org

Ziele

Die Schüler/-innen …
- erarbeiten und sichern Unterrichtsinhalte.
- überprüfen ihre erworbenen Kenntnisse.
- erstellen interaktive multimediale Lernspiele.

Fach/Klasse

Alle Fächer und alle Klassen

Einsatzmöglichkeiten

Zur Erarbeitung neuer Unterrichtsinhalte, Anwendung des Gelernten

Verwendungshinweise

LearningApps.org ist ein browserbasiertes Programm. Die Lehrkraft kann Klassen anlegen und Accounts für die Schüler/-innen erstellen. Inhalte, die mit dem Programm erstellt werden, können darin über den entsprechenden Klassenordner geteilt und den Schüler/-innen zugänglich gemacht werden. Zudem kann die Lehrkraft die Aktivitäten von Schüler/-innen nachverfolgen und das Tool auch zur Lernstandsdiagnose nutzen und dementsprechend Förderbedarfe erschließen.

Vorbereitung

- Mobile Endgeräte oder Computer (für Lehrkraft und Lernende)
- Geräte und Updates prüfen
- Learningapps.org im Browser öffnen
- Registrierung
- Schüleraccounts anlegen
- Präsentationsmöglichkeiten prüfen (Beamer oder Smartboard)

Sozialformen	Ähnliche Tools
Einzel-, Partner-, Gruppenarbeit und Plenum	- Kahoot (siehe S. 47, Kap. 3.1) - Nearpod (siehe S. 19, Kap. 1.5) - Socrative (browserbasiert, kostenfreie App für iOS, Android)

Beschreibung

Mithilfe des kostenlosen Programms „LearningApps.org“ lassen sich multimediale, interaktive Lernbaustein von Lehrkräften oder Schüler/-innen erstellen.
Die Lehrkraft kann aus unterschiedlichen Formatvorlagen (Paare zuordnen, Multiple-Choice-Quiz, Lückentext, Millionenspiel, Kreuzworträtsel etc.) eine Auswahl treffen oder auf bestehende Bausteine zu unterschiedlichen Fächern und Themen zurückgreifen. Es besteht die Möglichkeit, erstellte Bausteine zu veröffentlichen und damit anderen Nutzer/-innen auf der Seite zugänglich zu machen.
Des Weiteren können weitere Werkzeuge wie z. B. eine Pinnwand oder eine Anwendung zur Erstellung von Mindmaps genutzt und in eine bestehende Website, ein Wiki oder eine Lernplattform eingebunden werden.
Hat man sich für ein Aufgabenformat entschieden, lassen sich die Lernspiele mithilfe der entsprechenden Formatvorlage ganz leicht erstellen. Je nach Format können unterschiedliche Medien (Text-Bild, Video-Text usw.) miteinander kombiniert werden. Nach dem Abspeichern der App kann diese den Schüler/-innen über den Klassenordner zugänglich gemacht werden.

TIPP | Nutzer/-innen können auf eine Fülle bestehender Bausteine zugreifen.

VARIANTEN

- Mit digitalen Tools wie Kahoot! oder Socrative lässt sich ebenfalls spielerisch Wissen überprüfen.
- Nearpod bietet z. B. die Möglichkeit, Videos mit Aufgaben abzuspielen.

Unterrichtsbeispiel

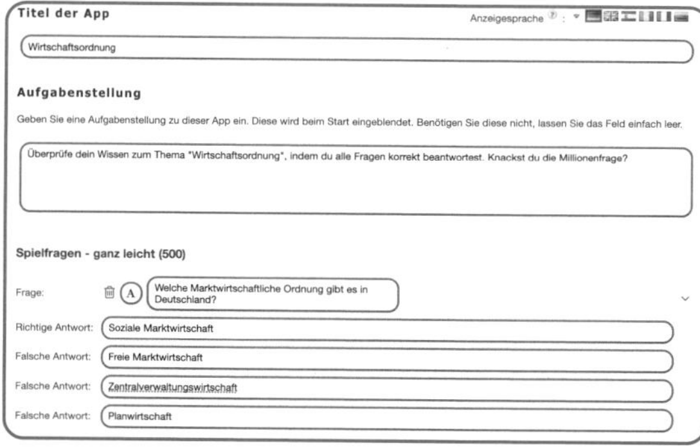
Titel der App
Anzeigesprache
Wirtschaftsordnung

Aufgabenstellung
Geben Sie eine Aufgabenstellung zu dieser App ein. Diese wird beim Start eingeblendet. Benötigen Sie diese nicht, lassen Sie das Feld einfach leer.
Überprüfe dein Wissen zum Thema "Wirtschaftsordnung", indem du alle Fragen korrekt beantwortest. Knackst du die Millionenfrage?

Spielfragen - ganz leicht (500)
Frage: Welche Marktwirtschaftliche Ordnung gibt es in Deutschland?
Richtige Antwort: Soziale Marktwirtschaft
Falsche Antwort: Freie Marktwirtschaft
Falsche Antwort: Zentralverwaltungswirtschaft
Falsche Antwort: Planwirtschaft

App: Formatvorlage zum Millionenspiel (© LearningApps)

3.3 Präsentationen kollaborativ erstellen mit Keynote

Ziele

Die Schüler/-innen ...
- fassen Inhalte auf Folien zusammen.
- kombinieren sprachliche und visuelle Aspekte.
- ordnen Informationen in einer sinnvollen Reihenfolge an.
- präsentieren ihre Ergebnisse.
- arbeiten zusammen an einer Präsentation.

Fach/Klasse

Alle Fächer und alle Klassen

Einsatzmöglichkeiten

Erarbeitung neuer Inhalte, Sicherung erarbeiteter Inhalte, Präsentation erarbeiteter Inhalte, Verbreitung von Inhalten

Verwendungshinweise

Keynote ist ein kostenfreies Präsentationsprogramm für macOS und iOS. Ähnlich wie bei anderen Präsentationsprogrammen lassen sich Inhalte auf Folien darstellen und visuell unterstützen. Die Schüler/-innen müssen sich mit einer E-Mail-Adresse registrieren.

Vorbereitung

- Mobile Endgeräte oder Computer (ggf. Lehrkraft und Lernende; Anzahl abhängig von Sozialform)
- Geräte und Updates prüfen
- App kostenfrei installieren (ggf. vorinstalliert)
- Präsentationsmöglichkeiten prüfen (Beamer oder Smartboard)

Sozialform	Ähnliche Tools
Einzel-, Partner- oder Gruppenarbeit, Plenum	- Microsoft® PowerPoint (Windows) - Prezi (browserbasiert)

Beschreibung

In der App „Keynote" kann über das *Pluszeichen (+)* am rechten Rand eine neue Präsentation angelegt bzw. eine der Vorlagen ausgewählt werden. Durch einen Doppelklick auf das Feld können Titel und Untertitel eingegeben werden. Links erscheint eine Übersicht der erstellten Folien. Durch langes Drücken auf die Folie kann diese verschoben werden. Auch können mit dem +-Button neue Folien hinzugefügt werden.

Am oberen rechten Rand erscheinen verschiedene Möglichkeiten zur Bearbeitung der Folien: *Play*-Button zum Abspielen der Präsentation; *Pinsel*-Symbol zur Änderung des Textes (Stil, Schriftart, -größe, Anordnung); +-Symbol zum Einfügen von Fotos, Videos, Audios, Zeichnungen, Gleichungen, Figuren, Symbolen, Diagrammen, Tabellen; Über das *Person* +-Symbol können Personen zur Zusammenarbeit eingeladen und die Freigabeoptionen geändert werden. Über das Symbol mit den drei Punkten *(...)* lassen sich weitere Änderungen an der Präsentation vornehmen wie z. B. die Einstellung von Übergängen und Animationen oder das Erlauben einer Fernbedienung.

Das Programm bietet eine Vielzahl weiterer Möglichkeiten, um gemeinsam anschauliche Präsentationen zu gestalten.

TIPPS

- Bei einer Gruppenarbeit muss pro Gruppe eine Präsentation erstellt werden. Anschließend können mehrere Personen zur Mitarbeit an einer Präsentation eigeladen werden. So können Schüler/-innen unabhängig voneinander online an unterschiedlichen Folien und somit Teilaspekten arbeiten, die später ein gemeinsames Endprodukt ergeben.
- Die Gruppen sollten zuvor eine gemeinsame Gliederung ihrer Präsentation erstellen, um die Themenbereiche aufzuteilen.
- Es ist auch denkbar, im Klassenverband eine gemeinsame Präsentation zu erstellen. Die Lehrkraft lädt die Schüler/-innen dann zu einer zuvor erstellten Präsentation ein und gibt die Gliederung vor. Teilaspekte können in Gruppen bearbeitet und anschließend präsentiert werden. Auf das Endprodukt haben alle Schüler/-innen Zugriff.

VARIANTEN

- Inhalte können bei Prezi auf einer Fläche angeordnet und während der Präsentation in einer bestimmten Reihenfolge aufgerufen werden.
- Prezi funktioniert browserbasiert und ist in der einfachen Version kostenlos nutzbar. Das Abspielen der Prezi kann nur mit einer Internetverbindung erfolgen. Es muss zuvor ein Konto erstellt werden. Bei der kostenfreien Variante ist die Präsentation für andere einsehbar. Mit der App „Prezi Viewer" (iOS, Android, Windows) muss die Prezi nicht über den Browser angezeigt werden.

3.4 Präsentieren mit Adobe Spark Page

Ziele

Die Schüler/-innen …

- fassen Inhalte auf Folien zusammen.
- stellen Inhalte mithilfe von sprachlichen und visuellen Aspekten dar.
- ordnen Informationen in einer sinnvollen Reihenfolge.
- präsentieren (ggf. veröffentlichen) ihre Ergebnisse.

Fach/Klasse

Alle Fächer; ab Klasse 7

Einsatzmöglichkeiten

Erarbeitung neuer Inhalte, Sicherung erarbeiteter Inhalte, Präsentation erarbeiteter Inhalte, Verbreitung von Inhalten

Verwendungshinweise

Adobe Spark Page ist eines von drei Programmen neben Adobe Video und Adobe Post von Adobe Spark, die alle über die gemeinsame Webseite und die jeweiligen Apps (iOS, Android) genutzt werden können. Eine kostenfreie Registrierung ist mit dem Apple-, Google- oder Facebook-Konto möglich. Auch ist es möglich, sich ab einem Alter von 13 Jahren direkt über die Seite/App zu registrieren. Die Lehrkraft kann auch einen Account erstellen und die Daten an die Schüler/-innen weitergeben.

Vorbereitung

- Mobile Endgeräte oder Computer (ggf. Lehrkraft und Lernende; Anzahl abhängig von Sozialform)
- Geräte und Updates prüfen
- Adobe Spark Page (App für iOS, Android, kostenfrei, In-App-Käufe möglich;) auf den Geräten installieren
- Ggf. Präsentationsmöglichkeiten prüfen (Beamer oder Smartboard)

Sozialformen	Ähnliche Tools
Einzel-, Partner- und Gruppenarbeit	- Microsoft® PowerPoint (Windows) - Keynote (siehe S. 51, Kap. 3.3) - Adobe Spark Post (kostenfreie App f. iOS u. Android) - Book Creator (iOS, kostenpflichtig)

Beschreibung

Mithilfe des intuitiv zu bedienenden Programms „Adobe Spark Page" können Schüler/-innen ohne spezielle Vorkenntnisse ansprechende Themenseiten (Präsentationen) erstellen, die sie anschließend veröffentlichen können. Auf der Startseite befindet sich ein Überblick über bereits bestehende Projekte oder Vorlagen, die bearbeitet werden können. Es wird eine Vielzahl von Webdiensten miteinander verbunden, z. B. lassen sich hochauflösende Bilder aus Online-Galerien in die Seite integrieren. Mit dem *Pluszeichen (+)* lässt sich ein neues Projekt anlegen. Zunächst müssen Titel und Untertitel eingegeben und ein Hintergrundbild aufgenommen bzw. ausgewählt werden. Danach erscheinen unter dem +-Button auf der Folie verschiedene Optionen: Einfügen eines Fotos, einen Textes, einer Schaltfläche mit einem Link, eines Videos, eines Fotogitters oder einer Foto-Slideshow. Der +-Button erscheint nun immer beim Scrollen.

Am oberen rechten Rand kann z. B. mit dem *Zauberstab*-Symbol das Design-Thema geändert oder eine Vorschau des bisherigen Projekts gestartet werden (*Play*-Symbol).

TIPP

Eine detaillierte Beschreibung der Adobe-Spark-Page-App und Informationen zum Einsatz im Unterricht sind beispielsweise auf der Website von herrjasper.de zu finden

VARIANTEN

- Microsoft® Power Point ist die klassische Präsentationssoftware von Windows. Auf Folien lassen sich Inhalte darstellen, anordnen und visuell unterstützen.
- Adobe Spark Post gehört zu den drei Applikationen von Adobe Spark. Mithilfe des Programms lassen sich einfach ansprechende Flyer bzw. Plakate erstellen, die anschließend veröffentlicht werden können.
- Book Creator: Lernende können ein individuell gestaltetes digitales Buch erstellen. Die Seiten können mit Bildern, Fotos, Videos, Audios, Schrift, Zeichnungen usw. befüllt werden. Zudem können von verschiedenen Schüler/-innen gestaltete Buchseiten zu einem Dokument zusammengefügt werden.

3.5 (Erklär-)Videos erstellen mit iMovie

Ziele

Die Schüler/-innen …

- erschließen sich Inhalte und wenden das Gelernte an.
- planen einen Film und setzen diesen um.
- erstellen Filmsequenzen und setzen diese mit iMovie zu einem Video zusammen.
- reflektieren den Einsatz von Sprache und gestalterischen Mitteln.
- übernehmen die Perspektive der Zuschauer/-innen ihres Erklärvideos.

Fach/Klasse

Alle Fächer und alle Klassen

Einsatzmöglichkeiten

Darstellung bekannter und neuer Unterrichtsinhalte, Sicherung zuvor erarbeiteter Inhalte, Präsentation und Transformation erarbeiteter Inhalte

Verwendungshinweise

iMovie ist eine kostenlose App für iOS (i. d. R. vorinstalliert auf Apple-Geräten). Mit dem Programm können Videoaufnahmen bearbeitet sowie Fotos bzw. Bilder zu einem Film zusammengefügt werden.

Vorbereitung

- Mobile Endgeräte (ggf. Lehrkraft und Lernende)
- Geräte und Updates prüfen
- iMovie (iOS) aus dem App Store kostenfrei installieren (falls nicht vorinstalliert)
- Präsentationsmöglichkeiten prüfen (Beamer oder Smartboard)

Sozialform	Ähnliche Tools
Gruppenarbeit	- WeVideo (browserbasiert; App für iOS und Android: kostenfrei, Werbung, In-App-Käufe möglich) - Stop Motion Studio (iOS und Android) - Green Screen by Do Ink (siehe S. 26, Kap. 2.3)

Beschreibung

Mithilfe des intuitiv zu bedienenden Programms „iMovie" können Lernende durch das Kombinieren von Videos, Fotos und Musik eigene Filme oder mithilfe von Vorlagen kürzere Trailer erstellen.

In dem Bereich *Projekte* kann eine Vielzahl unterschiedlicher Projekte angelegt und gespeichert werden.

Schüler/-innen können direkt mit dem Tablet oder Smartphone Videos drehen und/oder Fotos aufnehmen und diese in der App hochladen. Das Video kann im Bearbeitungsmodus geschnitten, verschoben und mit Audio- sowie Tonspuren unterlegt werden, die ebenfalls bearbeitet werden können. Das Produkt kann stets angesehen und bearbeitet werden.

TIPP

Über den *?*-Button werden im Programm Tipps und Hinweise zur Verwendung der App gegeben, die direkt an den entsprechenden Stellen eingeblendet werden.

VARIANTEN

- Mit WeVideo lassen sich dank der intuitiven Benutzeroberfläche einfach Videos aufnehmen, bearbeiten und veröffentlichen.
- Mit Stop Motion Studio lassen sich kleine Geschichten z. B. mithilfe von Figuren darstellen.